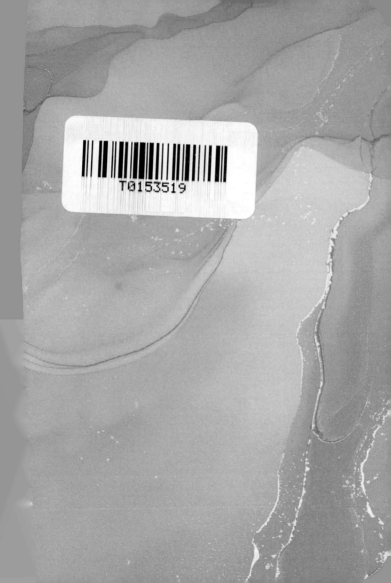

T0153519

PERPLEXING
•LOGIC PUZZLES•

Published in 2022 by Welbeck

An Imprint of Welbeck Non-Fiction Limited, part of Welbeck
Publishing Group
20 Mortimer Street London W1T 3JW

First published by Carlton Books as *Pretty Puzzles: Logic* in
2010

A CIP catalogue record for this book is available from the
British Library.

ISBN 978-1-78739-913-6

Printed in China

10 9 8 7 6 5 4 3 2 1

PERPLEXING
•LOGIC PUZZLES•

SOLVE MORE THAN
100 BRILLIANT BRAINTEASERS

WELBECK

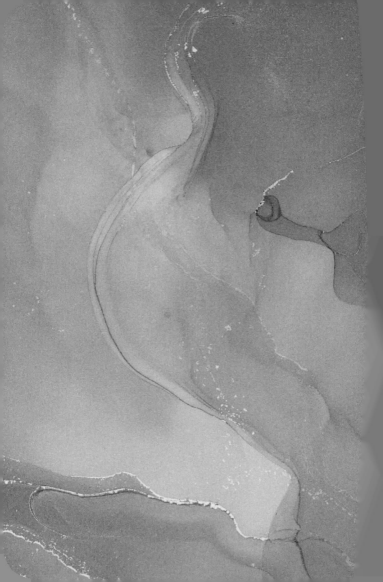

INTRODUCTION

Welcome to the wonderful world of puzzles!

From Suduko to Minesweeper, this book is packed with engaging puzzles to challenge your lexical solving ability and keep you sharp as a tack.

You will probably recognise some of the puzzle types, but hopefully you will not have encountered the others before. Learning to solve new puzzles is great excersise for the brain, and all of the puzzles in this book will challenge your powers of logical thinking.

All the following have been carefully selected to give you the most puzzle-solving pleasure possible, so have fun as you puzzle your way through the book, and look out for others in the series!

1. LATIN SQUARE

In order to solve these puzzles you must ensure the letters A, B, C, D, E and F appear once only in each row, column and shape.

				B	A
			D	C	
				E	
					F

Answer on page 114

2. LATIN SQUARE

	C		B		A
E					D
	F				

Answer on page 114

3 | LATIN SQUARE

				B	A
		D			C
E					
	F				

Answer on page 114

4 | LATIN SQUARE

Answer on page 114

5 | LATIN SQUARE

				B	A
			C		
	D				
E					
				F	

Answer on page 114

6 | LATIN SQUARE

				B	A
				D	C
				E	
	F				

Answer on page 114

7 | LATIN SQUARE

				B	A
		D			C
	E				
	F				

Answer on page 114

8 | LATIN SQUARE

			B		A
				C	
	D				
E					
					F

Answer on page 114

9 | LATIN SQUARE

				B	A
	C				
				D	
		F		E	

Answer on page 115

10 | LATIN SQUARE

Answer on page 115

11 | LATIN SQUARE

Answer on page 115

12 | LATIN SQUARE

	C			B	A
					D
		E			
	F				

C				B	A
				D	
					E
	F				

Answer on page 115

14 | LATIN SQUARE

		C		B	A
	D				
F			E		

Answer on page 115

15 | LATIN SQUARE

			C	B	A
E		D			
F					

Answer on page 115

16 | LATIN SQUARE

				B	A
			C		
		D			
	F				E

Answer on page 115

17 | LATIN SQUARE

				B	A
C					
D					
F			E		

Answer on page 116

18 | LATIN SQUARE

	C			B	A
D					
		E			
				F	

Answer on page 116

19 | LATIN SQUARE

		C		B	A
		D			
		E			
			F		

Answer on page 116

20 | LATIN SQUARE

Answer on page 116

21 | LATIN SQUARE

			A		
		B			
			C		
D					
F			E		

Answer on page 116

22 | LATIN SQUARE

Answer on page 116

23 | LATIN SQUARE

Answer on page 116

24 | LATIN SQUARE

C			B		A
			D		
			E		
	F				

Answer on page 116

25 | LATIN SQUARE

Answer on page 117

26 | LATIN SQUARE

27 | LATIN SQUARE

			B		A
		D		C	
	F	E			

Answer on page 117

28 | LATIN SQUARE

		C	B		A
D					
					E
			F		

Answer on page 117

TOWERS
HOW TO SOLVE

This puzzle is based on tower blocks in a city. The smallest tower is one storey high and the tallest tower is four or five storeys, depending on the size of the grid. The number outside a row or column tells how many towers a viewer can 'see' from that position. Each row and column features each different tower only once. You must fill in the grid.

If there is a short tower behind a tall one, you cannot see the smaller one. For example, in the sequence of towers, 1, 3, 2, 4, a viewer can see towers 1, 3 and 4, but not 2 (it will be hidden by tower 3). The clue outside this row would be 3, for the number of towers that can be seen.

If the given clue is 1, we can see only one tower. Only the largest tower can hide all the towers behind it. So, the first tower from a clue that reads 1 must be the largest tower.

If the clue is 2, the first tower in the sequence cannot be the tallest tower. (We must be able to see at least one tower as well as the tallest). Also, the second square from a clue of 2 cannot be the second tallest tower.

If the clue is 3 or more the first square cannot be the tallest or second tallest tower. Also, the second square cannot be the tallest tower.

If you can understand the hidden information in these three clues, you can work out the hidden information in other clues too...

29 | TOWERS

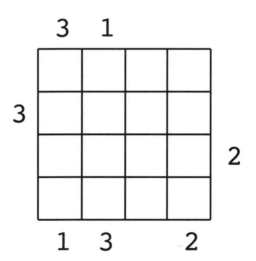

Answer on page 117

30 | TOWERS

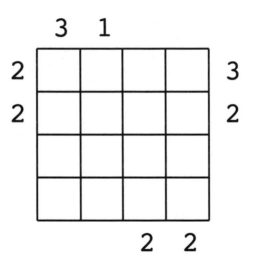

Answer on page 117

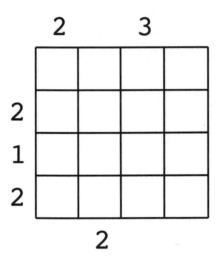

Answer on page 117

32 | TOWERS

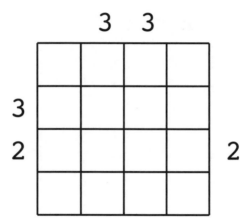

Answer on page 117

EASY
33 | TOWERS

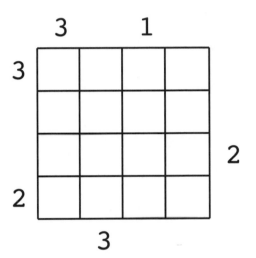

Answer on page 118

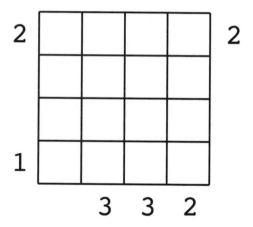

Answer on page 118

35 | TOWERS

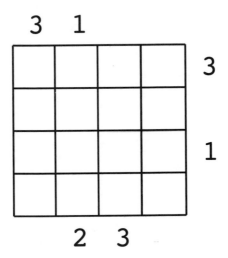

Answer on page 118

36 | TOWERS

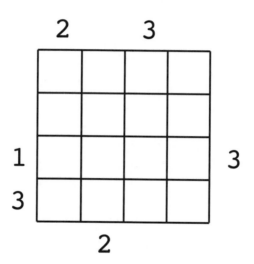

Answer on page 118

37 | TOWERS

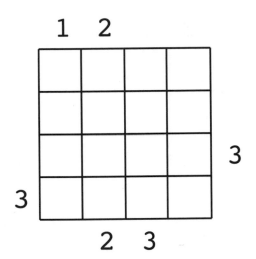

Answer on page 118

38 | TOWERS

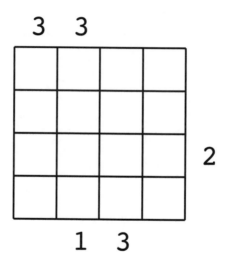

Answer on page 118

39 | TOWERS

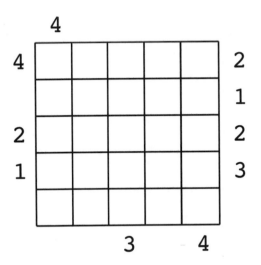

Answer on page 118

40 | TOWERS

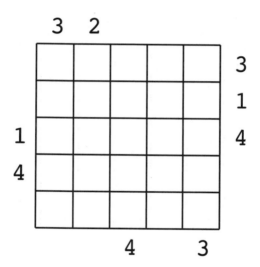

Answer on page 118

41 | TOWERS

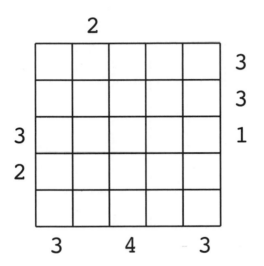

Answer on page 119

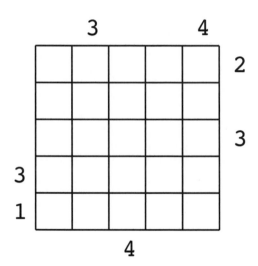

Answer on page 119

43 | TOWERS

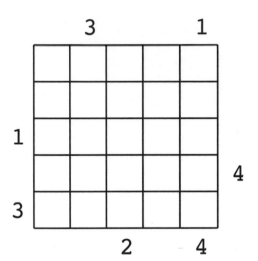

Answer on page 119

44 | TOWERS

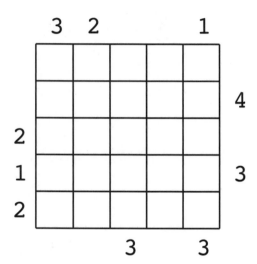

Answer on page 119

MEDIUM
45 | TOWERS

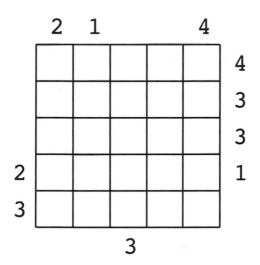

Answer on page 119

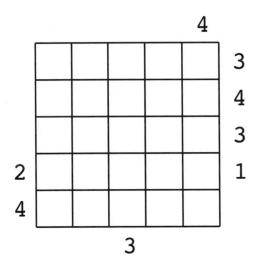

47 | TOWERS

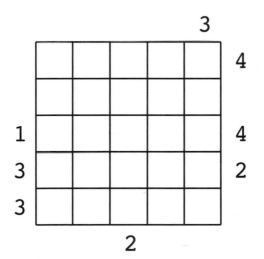

Answer on page 119

48 | TOWERS

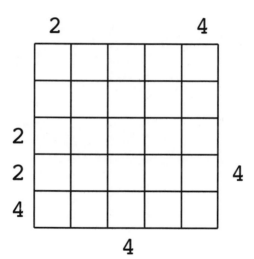

Answer on page 119

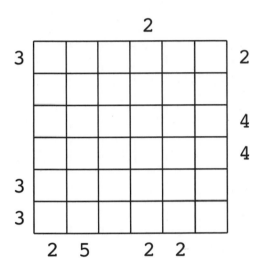

Answer on page 120

50 | TOWERS

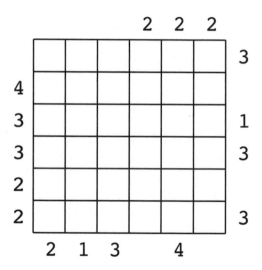

Answer on page 120

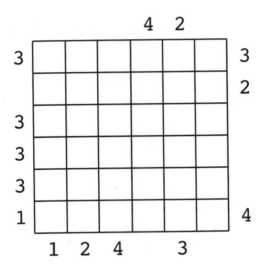

Answer on page 120

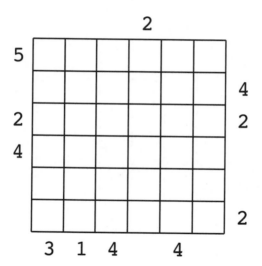

Answer on page 120

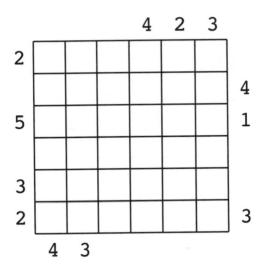

54 | SUDOKU

In order to solve these puzzles you must ensure the numbers 1 to 9 appear only once in each row, column and square.

	8							5
	2			9				6
			8	5	4			9
		1					6	
			2	8	7			
	7					5		
4			1	2	9			
5				6			9	
6							3	

Answer on page 120

55 | SUDOKU

	3	9						
	6			1		3	7	
1					3		4	
	1			3	5	4	6	
			4		1			
	9	4	6	7			5	
	5		1					4
	2	7		6			1	
					8	9		

Answer on page 120

	8						4	
				4		5	2	
4			3	2	7			8
			7	5		2		
		3	4		9	6		
		4		6	3			
2			9	3	8			5
	4	1		7				
	3						8	

Answer on page 120

		7				9		2
9		6		4	7			
	1		3			8		
					5			8
				7				
4			9					
		5			8		6	
			1	3		7		9
2		1				3		

Answer on page 121

58 | SUDOKU

2				7	8	6		
4	3	9	6		2			8
						4		
8				4				1
		4		2		3		
7				1				2
		8						
5			1		4	8	3	9
		1	5	8				4

Answer on page 121

59 | SUDOKU

				6		3		
5		3	7		2			1
	6				9			
		2		7		4		
8		1				7		2
		6		3		8		
			1				8	
3			4		7	9		6
		9		8				

Answer on page 121

60 | SUDOKU

		8	1	2				
		9						8
	5		8	4		9		3
	9				1	2		
4								7
		7	4				6	
7		6		3	8		4	
5						8		
				5	6	7		

Answer on page 121

61 | SUDOKU

	7				1			4	
									2
			6	2	5	9			
		1	8	9					7
		5	3	7		1	2	6	
7						6	9	1	
				1	9	2	4		
8									
		6			7			3	

Answer on page 121

62 | SUDOKU

		3	7		1		2	
	4		2			5	6	
7						3		1
				8				
		8	5		4	6		
				7				
4		7						2
	3	6			9		5	
	5		1		7	9		

Answer on page 121

63 | SUDOKU

				9		3	7	
4			7					1
			3		1	2		
			8					3
6		3				8		9
1					4			
		4	1		2			
5					7			2
	8	2		4				

Answer on page 121

	3			7		8	5	
9	8		2			3		
				6	3	4		1
				2		7	1	
	4	7		3				
3		1	7	4				
		2			1		6	3
	5	8		9			4	

Answer on page 121

65 | SUDOKU

		5	9	2				
	2	3			7		4	
	1	4		3				
6					9		1	
		1	8	7	2	6		
	9		1					8
				8		4	2	
	7		2			3	5	
				6	5	7		

Answer on page 122

71

		4		5				1
8	5				6	2		
		2				3	4	
		6	1	8				
	1						6	
				2	5	1		
	3	9				8		
		7	3				5	6
2				7		4		

Answer on page 122

67 | SUDOKU

	3						4	
				9		2	1	
		1	7		8			
			9	3		8		6
1		3				5		4
8		6		7	4			
			3		7	4		
	7	8		2				
	6						3	

Answer on page 122

68 | SUDOKU

	5	3	7	4		2		
			3			4		9
		1	2				5	
		8						
7	6	5				9	3	1
						5		
	4				7	6		
5		6			4			
		7		6	2	1	4	

Answer on page 122

69 | SUDOKU

	6			8			4	
	4	9		6	2		1	
8				9			2	
1								
5		3				2		9
								7
	1			4				2
	3		6	2		4	8	
	8			5			9	

Answer on page 122

70 | SUDOKU

	9				4		3	
				2				9
4	8				3	7		
		8	9		1			3
	7						5	
3			5		6	1		
		5	2				7	1
2				5				
	6		4				9	

Answer on page 122

71 | SUDOKU

				5		8	6	
	3				4		5	
	2					1		9
	8		5		9			1
		6		7		3		
2			4		6		8	
9		7					1	
	5		6				9	
	6	8		9				

Answer on page 122

7	5	8	1					
	2	9	5					6
6		4		9				2
	7			5	9	6		
		5	3	4			2	
5				8		2		9
9					7	5	6	
					5	1	7	8

Answer on page 122

		4	2	6				
5					7			
1	6						7	2
	8		6		3			4
2				4				3
3			1		9		6	
8	2						3	5
			9					8
				3	2	6		

Answer on page 123

	2		8					6
	9			2				
					9	5		2
2	4		7				5	
6				8				1
	1				2		6	3
1		6	2					
				5			2	
4					7		1	

Answer on page 123

75 | SUDOKU

	1			9		2		6
			6			7		
7		6						
					6		8	
1			8		4			9
	6		9					
						6		2
		2			8			
9		1		6			7	

Answer on page 123

76 | SUDOKU

			8	7				
5		7	3			6		1
	8				5			7
	5	3		9	7		1	
		9				7		
	7		4	8		5	9	
9			7				6	
7		4			8	9		2
				2	9			

Answer on page 123

					2			
	3	9	8		4			7
8	2							
				2				1
	9	6				3	2	
2				3				
							1	6
3			6		1	7	9	
			7					

Answer on page 123

						8		3
	3			1	4		5	
			3		7			9
4	8							
5		6				3		4
							8	5
9			2		3			
	5		6	4			9	
1		8						

Answer on page 123

79 | SUDOKU

5								8
		3			5	6	4	
4	8			9			1	
6					1	4		
		9	5					7
	4			6			7	1
	3	7	1			8		
8								2

Answer on page 123

MINESWEEPER
HOW TO SOLVE

The numbers in these grids provide clues to the locations of mines. Each number tells you how many mines are around that square. Mines can be in an empty square to a number's right or left, above or below or diagonally in any direction. The way to solve these puzzles with the least amount of fuss is to mark Xs in places where a mine cannot appear.

Zeroes are the easiest numbers to solve. Then look for places where a number has just as many free squares around it. Once you find a few mines their neighbouring cells become easier to solve.

In the grid (below left), the numbers shown in the circles have found their related mines and the free squares around them can be marked with an X.

Using these same techniques, you can solve the rest of the puzzle (below right).

80 | MINESWEEPER

	2				1	1	
	2	1		2			
		1		1			1
		3				3	3
	4				1		
		2		2			
	1		3		1	0	

Answer on page 123

81 | MINESWEEPER

			0		1		1
1		2					
	2		1		1		0
	4						
	3						
2	3			3		3	
	3			2			2
	3			1	2	2	

Answer on page 124

82 | MINESWEEPER

		1		3		
2					2	
1			1		2	
1						
		2		1	3		3
	3				2	
			2		2	2	2
	1	2				

Answer on page 124

83 | MINESWEEPER

						0	
1	2	2	3				
	1			0			
		1	1				1
							2
	1			4	2		
		6				3	
2				4	3		

Answer on page 124

84 | MINESWEEPER

		1	0		0		0
	2						1
2							1
		2		2			2
			2	1	3		
3		3					3
	2	1		1		3	
1					1		

Answer on page 124

85 | MINESWEEPER

		0			1	1	
2			0		1		
1							
				1	1	1	
		2				1	1
	3	4			3	3	
4		4	3				
							1

Answer on page 124

86 | MINESWEEPER

3							
		2		2		2	
	3				3		
			2	2		1	
3	3	2			4		2
	2			2	4	4	

Answer on page 124

		0			0		
0					3	4	
		4	5	4		3	
1	2						
	3			1	2		
	2					2	
		0			2		

Answer on page 124

							1
	3	2			1		
						0	
0			3				
	2	3			1	2	
	4				1		
	6		4		1	1	
2				0			

Answer on page 124

89 | MINESWEEPER

0			2		0	2	
	2				0		
	3		2				1
	3	3					3
2			1		2		
		1				3	
	1				2		

Answer on page 125

90 | MINESWEEPER

1			2		1		1		1
	2			3				2	2
	1					2	2	3	
		2		2					2
2	2	1	0			2			
						2	1		
	2	1				2		3	
			1		2		1	2	
	3	2				2	2		3
2				2	1				

Answer on page 125

91 | MINESWEEPER

1						3		
		2	2	2	2			1
0						3		
1			1			1		0
1								
	3						2	2	1
	2		1	4		3		
	3			3				1
	5		4			4		
			3			3		1

Answer on page 125

92 | MINESWEEPER

					0			
	2			2	1		2	3	
		4	4			3		
2					4			1
		3	3	3			1	
1			1	1		0		
		3	2			1	0	1
	3			3			2	
		4		4				
	2				3	3		1

Answer on page 125

93 | MINESWEEPER

0		1			3			
1				3				0
		0		5			3	
	3			4		2		
			3		1		1	
	4	3		2				0
			1			1		
	3		2	1			2	3
2	3				1		2	
1			2				1	

Answer on page 125

94 | MINESWEEPER

		1	1			2			
1				3	2				0
	1			2		1	1	1	
	2		2		1				
1									
				3	2			3	2
	0		2				2		2
			3	5					
1	1						4	5	
	1			2	1				2

Answer on page 125

95 | MINESWEEPER

3					1				0
		4		0			1		
		2					3		
1	2		2					2	
1						5			0
		2	3		5		3		
1			3				3		
		3			2	4		3	
	2	2		2		2			
							2	2	

Answer on page 125

96 | MINESWEEPER

			3					
1					1	1		1	
	3	2		0			1		0
				1		1		3	
		2		2					
0						2	3		4
		2			2				
	2	2	2			3			3
3				4		3			
		2	2	4				1	

Answer on page 125

97 | MINESWEEPER

2			4		3			1	
		4			4				
			3		4		1	2	
3		3	3						
2							1		0
	1					2	1		
0			1		0			2	
	2		2					1	
			2	1				0	
	2				2				

Answer on page 126

98 | MINESWEEPER

			1					1
	0			3			1	
			2	3	2			2
					3			
2				1		3		
3		5		1		3	2		1
							2	
2		2						
			3		1	2		3
	2		2		0		1	

Answer on page 126

99 | MINESWEEPER

		2	1	1			2		
1					0				1
		1	1					3	
					1		1		
2		2		3		3		3	
								4	2
	3	2	1		4		6		
		1		1					
2								4	2
0			2			1	2		

Answer on page 126

100 | MINESWEEPER

1				2		4					
	3	3	3		3	3			4	2	2
					2						
	3	3		2		1					
2										2	
0			2	2		0	2				2
		1	1				2	3			
1						0	0				
2	3			1					3		
	3		2			1	1	3		2	
		3	3					4		2	
	2	0		2	1				2		

Answer on page 126

101 | MINESWEEPER

	2			2		2		2	
		1				2		3	
	4		0	3		1		2	
	4	2	1			1	1		
			3				2		1
2	3			2	1		1		
					2	1			0
	1	0	0			1			0
2				1	1		1		3	
		3				1		2	
3	5			2	1			2	2	1
1						2			1	

Answer on page 126

102 | MINESWEEPER

		3	2				1		2	2	
3					3			2			3
2			3	2	3		4				
	3			1	3			3		3	
2	4					3			1		
	3					2		2	1	0	
1				1	1					1	
		2					1				
2			0	2				1	2		
		2				1			2		2
2	3					1	2		3		1
		2	1			1			3		

Answer on page 126

		1	1		0		3				0
1										3	
	4		3		2					3	
	5					2	0			3	
			3			2			1	1	
			3				0		1		
0	1							2			
0		3	4	4						1	
	2					0	1				
	3	3			1			3			
		3	3	3					4	3	
2							2		2		

Answer on page 126

3			1		0		0		0		1
				2	2	3					
	4								2		1
1	2	3						4		2	
		3		3		2			2		
2			1		1			3		2	
		2				1			1		
2			1					1	2	2	
		3	1			1					2
				2		2			1		
3					2	2			2		1
	2	2	2				2			1	

Answer on page 126

105 | MINESWEEPER

	2					2	2		1	1	
			3	3				3			
1		2				2		2			0
2	2			3		2					
1						4			2		
			4	4						4	
	2			2			2			3	
		3						2			1
	3	3	3	3						2	1
					1			1			1
	3			2		0				2	
		0						2			

Answer on page 127

106 | MINESWEEPER

		2	3					0			
	2				1		1		2		4
2				2		1			2		
2					3						3
	2						2		1		
	1	2	3			3		0		1	
	1										
	2	1	3	3		3					
		1					3	4	4		2
2					1				1	1	
3		2				2		4	2		1
			1							1	

Answer on page 127

SOLUTIONS

1

D	C	F	E	B	A
F	E	A	D	C	B
A	F	C	B	E	D
B	D	E	A	F	C
E	B	D	C	A	F
C	A	B	F	D	E

2

D	C	F	B	E	A
C	D	A	E	B	F
F	E	D	C	A	B
E	B	C	A	F	D
A	F	B	D	C	E
B	A	E	F	D	C

3

C	E	F	D	B	A
A	D	B	C	F	E
F	A	D	B	E	C
E	C	A	F	D	B
B	F	E	A	C	D
D	B	C	E	A	F

4

E	F	D	C	B	A
A	E	B	F	C	D
B	A	C	E	D	F
D	C	A	B	F	E
F	B	E	D	A	C
C	D	F	A	E	B

5

C	E	F	D	B	A
D	B	A	C	E	F
A	D	E	F	C	B
E	F	B	A	D	C
F	C	D	B	A	E
B	A	C	E	F	D

6

D	E	F	C	B	A
E	A	C	D	F	B
F	B	A	E	D	C
C	D	E	B	A	F
A	C	B	F	E	D
B	F	D	A	C	E

7

E	D	C	F	B	A
B	A	D	E	F	C
A	C	E	B	D	F
F	E	A	D	C	B
D	F	B	C	A	E
C	B	F	A	E	D

8

C	E	D	B	F	A
A	B	F	E	C	D
F	D	E	A	B	C
E	F	C	D	A	B
D	A	B	C	E	F
B	C	A	F	D	E

SOLUTIONS

9

D	E	C	F	B	A
B	C	D	A	F	E
E	A	B	D	C	F
F	B	A	E	D	C
A	D	F	C	E	B
C	F	E	B	A	D

13

C	D	F	E	B	A
B	A	E	C	F	D
A	E	B	F	D	C
F	B	C	D	A	E
E	F	D	A	C	B
D	C	A	B	E	F

10

E	F	C	D	B	A
B	A	E	F	C	D
D	E	A	C	F	B
F	C	B	A	D	E
A	D	F	B	E	C
C	B	D	E	A	F

14

E	F	C	D	B	A
B	C	A	F	E	D
A	D	E	C	F	B
D	B	F	A	C	E
C	E	D	B	A	F
F	A	B	E	D	C

11

C	F	D	E	B	A
A	B	F	D	E	C
E	A	C	F	D	B
F	E	A	B	C	D
D	C	B	A	F	E
B	D	E	C	A	F

15

D	E	F	C	B	A
B	A	C	F	E	D
E	F	D	A	C	B
A	B	E	D	F	C
F	C	A	B	D	E
C	D	B	E	A	F

12

F	C	D	E	B	A
A	B	C	D	E	F
B	E	F	C	A	D
D	A	B	F	C	E
C	D	E	A	F	B
E	F	A	B	D	C

16

D	C	F	E	B	A
B	D	A	C	E	F
A	E	D	B	F	C
E	B	C	F	A	D
F	A	E	D	C	B
C	F	B	A	D	E

SOLUTIONS

17

E	D	F	C	B	A
C	A	D	B	F	E
A	F	C	D	E	B
D	E	B	F	A	C
B	C	E	A	D	F
F	B	A	E	C	D

21

E	C	F	A	D	B
A	F	B	D	C	E
B	D	A	C	E	F
C	A	E	B	F	D
D	E	C	F	B	A
F	B	D	E	A	C

18

E	C	F	D	B	A
A	B	D	E	C	F
D	E	B	F	A	C
F	A	C	B	E	D
C	F	E	A	D	B
B	D	A	C	F	E

22

F	C	B	D	A	E
B	E	D	A	F	C
D	A	F	E	C	B
E	D	C	F	B	A
A	B	E	C	D	F
C	F	A	B	E	D

19

E	F	C	D	B	A
C	A	D	B	F	E
A	B	E	C	D	F
B	E	F	A	C	D
F	D	B	E	A	C
D	C	A	F	E	B

23

F	B	E	C	D	A
B	A	C	D	E	F
D	F	A	E	B	C
C	E	D	A	F	B
A	D	B	F	C	E
E	C	F	B	A	D

20

C	F	D	E	B	A
B	A	F	D	E	C
A	E	C	F	D	B
E	B	A	C	F	D
F	D	B	A	C	E
D	C	E	B	A	F

24

C	E	F	B	D	A
B	C	A	D	F	E
D	A	B	E	C	F
A	F	E	C	B	D
F	D	C	A	E	B
E	B	D	F	A	C

SOLUTIONS

25

C	D	B	E	F	A
E	C	F	A	D	B
A	E	D	C	B	F
D	F	C	B	A	E
B	A	E	F	C	D
F	B	A	D	E	C

26

F	C	B	E	A	D
D	B	C	A	F	E
A	E	D	B	C	F
B	A	E	F	D	C
E	D	F	C	B	A
C	F	A	D	E	B

27

F	E	C	B	D	A
A	D	B	C	F	E
C	A	F	E	B	D
E	B	D	A	C	F
B	F	E	D	A	C
D	C	A	F	E	B

28

E	F	C	B	D	A
A	C	E	D	F	B
D	A	B	E	C	F
F	B	D	C	A	E
B	D	F	A	E	C
C	E	A	F	B	D

29

	3	1			
	2	4	3	1	
3	1	3	2	4	
	3	1	4	2	2
	4	2	1	3	
	1	3		2	

30

	3	1			
2	1	4	3	2	3
2	3	2	4	1	2
	2	3	1	4	
	4	1	2	3	
		2	2		

31

	2		3	
	2	3	1	4
2	1	4	3	2
1	4	1	2	3
2	3	2	4	1
		2		

32

	3	3		
	4	2	1	3
3	1	3	2	4
2	3	1	4	2	2
	2	4	3	1	

SOLUTIONS

33

	3		1	
3	1	3	4	2
	2	4	3	1
	4	2	1	3	2
2	3	1	2	4
		3		

34

	2				
2	3	2	4	1	2
	1	4	3	2	
	2	3	1	4	
1	4	1	2	3	
		3	3	2	

35

	3	1			
	2	4	3	1	3
	1	2	4	3	
	3	1	2	4	1
	4	3	1	2	
		2	3		

36

	2		3		
	3	1	2	4	
	2	4	1	3	
1	4	2	3	1	3
3	1	3	4	2	
		2			

37

	1	2			
	4	2	1	3	
	3	1	4	2	
	2	4	3	1	3
3	1	3	2	4	
		2	3		

38

	3	3			
	1	2	3	4	
	2	3	4	1	
	4	1	2	3	2
	3	4	1	2	
		1	3		

39

	4					
4	1	2	3	5	4	2
	2	4	1	3	5	1
2	4	1	5	2	3	2
1	5	3	4	1	2	3
	3	5	2	4	1	
		3			4	

40

	3	2				
	3	4	5	2	1	3
	4	3	2	1	5	1
1	5	1	4	3	2	4
4	1	2	3	5	4	
	2	5	1	4	3	
		4			3	

SOLUTIONS

41

```
        2
    4  3  5  2  1   3
    5  1  3  4  2   3
 3  3  2  4  1  5   1
 2  1  5  2  3  4
    2  4  1  5  3
        3     4     3
```

42

```
        3        4
    4  2  3  5  1   2
    1  4  5  3  2
    2  5  4  1  3   3
 3  3  1  2  4  5
 1  5  3  1  2  4
              4
```

43

```
        3        1
    2  3  1  4  5
    1  2  5  3  4
 1  5  4  2  1  3
    4  5  3  2  1   4
 3  3  1  4  5  2
           2     4
```

44

```
     3  2        1
    2  4  3  1  5
    1  5  4  3  2   4
 2  3  1  5  2  4
 1  5  3  2  4  1   3
 2  4  2  1  5  3
              3  3
```

45

```
     2  1        4
    3  5  4  2  1   4
    1  4  5  3  2   3
    5  1  2  4  3   3
 2  4  2  3  1  5   1
 3  2  3  1  5  4
              3
```

46

```
                 4
    3  4  5  2  1   3
    5  1  4  3  2   4
    2  5  1  4  3   3
 2  4  3  2  1  5   1
 4  1  2  3  5  4
              3
```

47

```
                 3
    4  5  3  2  1   4
    1  3  2  5  4
 1  5  1  4  3  2   4
 3  2  4  5  1  3   2
 3  3  2  1  4  5
              2
```

48

```
     2           4
    1  4  5  3  2
    5  2  4  1  3
 2  3  1  2  5  4
 2  4  5  3  2  1   4
 4  2  3  1  4  5
              4
```

119

SOLUTIONS

49

Top clue: 2

3	3	2	1	5	6	4	2
	5	6	4	1	2	3	
	2	5	6	4	3	1	4
	6	4	5	3	1	2	4
3	1	3	2	6	4	5	
3	4	1	3	2	5	6	

Bottom clues: 2 5   2 2

50

Top clues: 2 2 2

	6	3	4	5	1	2	3
4	3	4	5	2	6	1	
3	2	5	3	1	4	6	1
3	1	2	6	3	5	4	3
2	4	1	2	6	3	5	
2	5	6	1	4	2	3	3

Bottom clues: 2 1 3   4

51

Top clues: 4 2

3	1	4	6	2	5	3	3
	5	6	1	3	2	4	2
3	3	2	5	1	4	6	
3	4	3	2	5	6	1	
3	2	1	4	6	3	5	
1	6	5	3	4	1	2	4

Bottom clues: 1 2 4   3

52

Top clue: 2

5	1	2	3	5	6	4	
	6	3	5	4	1	2	4
2	5	4	6	1	2	3	2
4	2	1	4	3	5	6	
	3	5	2	6	4	1	
	4	6	1	2	3	5	2

Bottom clues: 3 1 4   4

53

Top clues: 4 2 3

2	5	6	3	2	4	1	
	6	4	5	3	1	2	4
5	1	2	4	5	3	6	1
	4	3	1	6	2	5	
3	3	5	2	1	6	4	
2	2	1	6	4	5	3	3

Bottom clues: 4 3

54

9	8	4	6	7	2	3	1	5
7	2	5	3	9	1	4	8	6
1	6	3	8	5	4	2	7	9
2	4	1	9	3	5	7	6	8
3	5	6	2	8	7	9	4	1
8	7	9	4	1	6	5	2	3
4	3	8	1	2	9	6	5	7
5	1	2	7	6	3	8	9	4
6	9	7	5	4	8	1	3	2

55

2	3	9	7	4	6	1	8	5
4	6	8	5	1	9	3	7	2
1	7	5	2	8	3	9	4	6
7	1	2	9	3	5	4	6	8
5	8	6	4	2	1	7	3	9
3	9	4	6	7	8	2	5	1
8	5	3	1	9	7	6	2	4
9	2	7	8	6	4	5	1	3
6	4	1	3	5	2	8	9	7

56

7	8	2	1	9	5	3	4	6
3	1	9	8	4	6	5	2	7
4	5	6	3	2	7	1	9	8
6	9	8	7	5	1	2	3	4
5	2	3	4	8	9	6	7	1
1	7	4	2	6	3	8	5	9
2	6	7	9	3	8	4	1	5
8	4	1	5	7	2	9	6	3
9	3	5	6	1	4	7	8	2

SOLUTIONS

57

8	3	7	5	6	1	9	4	2
9	2	6	8	4	7	1	3	5
5	1	4	3	2	9	8	7	6
7	6	3	2	1	5	4	9	8
1	8	9	6	7	4	5	2	3
4	5	2	9	8	3	6	1	7
3	7	5	4	9	8	2	6	1
6	4	8	1	3	2	7	5	9
2	9	1	7	5	6	3	8	4

61

2	7	9	6	1	8	5	4	3
1	8	5	3	4	7	6	9	2
3	4	6	2	5	9	8	7	1
6	1	8	9	2	4	3	5	7
9	5	3	7	8	1	2	6	4
7	2	4	5	3	6	9	1	8
5	3	7	1	9	2	4	8	6
8	9	1	4	6	3	7	2	5
4	6	2	8	7	5	1	3	9

58

2	1	5	4	7	8	6	9	3
4	3	9	6	5	2	7	1	8
6	8	7	3	9	1	4	2	5
8	2	3	7	4	5	9	6	1
1	5	4	9	2	6	3	8	7
7	9	6	8	1	3	5	4	2
9	4	8	2	3	7	1	5	6
5	7	2	1	6	4	8	3	9
3	6	1	5	8	9	2	7	4

62

6	8	3	7	5	1	4	2	9
9	4	1	2	3	8	5	6	7
7	2	5	4	9	6	3	8	1
3	6	4	9	8	2	1	7	5
2	7	8	5	1	4	6	9	3
5	1	9	6	7	3	2	4	8
4	9	7	3	6	5	8	1	2
1	3	6	8	2	9	7	5	4
8	5	2	1	4	7	9	3	6

59

1	9	4	5	6	8	3	2	7
5	8	3	7	4	2	6	9	1
2	6	7	3	1	9	5	4	8
9	3	2	8	7	1	4	6	5
8	4	1	9	5	6	7	3	2
7	5	6	2	3	4	8	1	9
6	7	5	1	9	3	2	8	4
3	1	8	4	2	7	9	5	6
4	2	9	6	8	5	1	7	3

63

2	5	1	4	9	8	3	7	6
4	3	9	7	2	6	5	8	1
8	6	7	3	5	1	2	9	4
7	2	5	8	1	9	6	4	3
6	4	3	2	7	5	8	1	9
1	9	8	6	3	4	7	2	5
3	7	4	1	6	2	9	5	8
5	1	6	9	8	7	4	3	2
9	8	2	5	4	3	1	6	7

60

3	4	8	1	2	9	6	7	5
2	7	9	5	6	3	4	1	8
6	5	1	8	4	7	9	2	3
8	9	3	6	7	1	2	5	4
4	6	5	3	9	2	1	8	7
1	2	7	4	8	5	3	6	9
7	1	6	9	3	8	5	4	2
5	3	2	7	1	4	8	9	6
9	8	4	2	5	6	7	3	1

64

1	3	6	9	7	4	8	5	2
9	8	4	2	1	5	3	7	6
7	2	5	8	6	3	4	9	1
5	6	3	4	2	8	7	1	9
8	1	9	6	5	7	2	3	4
2	4	7	1	3	9	6	8	5
3	9	1	7	4	6	5	2	8
4	7	2	5	8	1	9	6	3
6	5	8	3	9	2	1	4	7

SOLUTIONS

65

8	6	5	9	2	4	1	3	7
9	2	3	6	1	7	8	4	5
7	1	4	5	3	8	9	6	2
6	8	7	3	5	9	2	1	4
5	4	1	8	7	2	6	9	3
3	9	2	1	4	6	5	7	8
1	5	6	7	8	3	4	2	9
4	7	8	2	9	1	3	5	6
2	3	9	4	6	5	7	8	1

69

7	6	2	1	8	5	9	4	3
3	4	9	7	6	2	5	1	8
8	5	1	4	9	3	7	2	6
1	2	6	5	7	9	8	3	4
5	7	3	8	1	4	2	6	9
4	9	8	2	3	6	1	5	7
6	1	5	9	4	8	3	7	2
9	3	7	6	2	1	4	8	5
2	8	4	3	5	7	6	9	1

66

3	9	4	2	5	7	6	8	1
8	5	1	4	3	6	2	7	9
6	7	2	8	9	1	3	4	5
5	2	6	1	8	9	7	3	4
9	1	8	7	4	3	5	6	2
7	4	3	6	2	5	1	9	8
1	3	9	5	6	4	8	2	7
4	8	7	3	1	2	9	5	6
2	6	5	9	7	8	4	1	3

70

5	9	6	7	1	4	2	3	8
7	1	3	8	2	5	6	4	9
4	8	2	6	9	3	7	1	5
6	5	8	9	7	1	4	2	3
1	7	4	3	8	2	9	5	6
3	2	9	5	4	6	1	8	7
9	4	5	2	6	8	3	7	1
2	3	7	1	5	9	8	6	4
8	6	1	4	3	7	5	9	2

67

6	3	9	1	5	2	7	4	8
7	8	4	6	9	3	2	1	5
2	5	1	7	4	8	3	6	9
5	4	7	9	3	1	8	2	6
1	9	3	2	8	6	5	7	4
8	2	6	5	7	4	1	9	3
9	1	5	3	6	7	4	8	2
3	7	8	4	2	9	6	5	1
4	6	2	8	1	5	9	3	7

71

7	1	4	9	5	2	8	6	3
6	3	9	8	1	4	2	5	7
8	2	5	3	6	7	1	4	9
4	8	3	5	2	9	6	7	1
5	9	6	1	7	8	3	2	4
2	7	1	4	3	6	9	8	5
9	4	7	2	8	3	5	1	6
3	5	2	6	4	1	7	9	8
1	6	8	7	9	5	4	3	2

68

9	5	3	7	4	6	2	1	8
6	8	2	3	1	5	4	7	9
4	7	1	2	8	9	3	5	6
2	1	8	5	9	3	7	6	4
7	6	5	4	2	8	9	3	1
3	9	4	6	7	1	5	8	2
1	4	9	8	5	7	6	2	3
5	2	6	1	3	4	8	9	7
8	3	7	9	6	2	1	4	5

72

7	5	8	1	6	2	3	9	4
3	2	9	5	7	4	8	1	6
6	1	4	8	9	3	7	5	2
4	7	3	2	5	9	6	8	1
8	9	2	7	1	6	4	3	5
1	6	5	3	4	8	9	2	7
5	3	7	6	8	1	2	4	9
9	8	1	4	2	7	5	6	3
2	4	6	9	3	5	1	7	8

SOLUTIONS

73

7	3	4	2	6	1	5	8	9
5	9	2	3	8	7	1	4	6
1	6	8	4	9	5	3	7	2
9	8	1	6	7	3	2	5	4
2	7	6	5	4	8	9	1	3
3	4	5	1	2	9	8	6	7
8	2	9	7	1	6	4	3	5
6	1	3	9	5	4	7	2	8
4	5	7	8	3	2	6	9	1

74

3	2	4	8	7	5	1	9	6
5	9	8	6	2	1	4	3	7
7	6	1	3	4	9	5	8	2
2	4	3	7	1	6	8	5	9
6	7	9	5	8	3	2	4	1
8	1	5	4	9	2	7	6	3
1	5	6	2	3	4	9	7	8
9	3	7	1	5	8	6	2	4
4	8	2	9	6	7	3	1	5

75

5	1	8	4	9	7	2	3	6
2	3	9	6	1	5	7	4	8
7	4	6	3	8	2	9	1	5
3	9	5	7	2	6	4	8	1
1	2	7	8	5	4	3	6	9
8	6	4	9	3	1	5	2	7
4	8	3	1	7	9	6	5	2
6	7	2	5	4	8	1	9	3
9	5	1	2	6	3	8	7	4

76

4	3	6	8	7	1	2	5	9
5	9	7	3	4	2	6	8	1
1	8	2	9	6	5	3	4	7
6	5	3	2	9	7	4	1	8
8	4	9	5	1	3	7	2	6
2	7	1	4	8	6	5	9	3
9	2	8	7	3	4	1	6	5
7	1	4	6	5	8	9	3	2
3	6	5	1	2	9	8	7	4

77

7	1	4	9	5	2	8	6	3
6	3	9	8	1	4	2	5	7
8	2	5	3	6	7	1	4	9
4	8	3	5	2	9	6	7	1
5	9	6	1	7	8	3	2	4
2	7	1	4	3	6	9	8	5
9	4	7	2	8	3	5	1	6
3	5	2	6	4	1	7	9	8
1	6	8	7	9	5	4	3	2

78

7	1	4	9	5	2	8	6	3
6	3	9	8	1	4	2	5	7
8	2	5	3	6	7	1	4	9
4	8	3	5	2	9	6	7	1
5	9	6	1	7	8	3	2	4
2	7	1	4	3	6	9	8	5
9	4	7	2	8	3	5	1	6
3	5	2	6	4	1	7	9	8
1	6	8	7	9	5	4	3	2

79

5	9	6	7	1	4	2	3	8
7	1	3	8	2	5	6	4	9
4	8	2	6	9	3	7	1	5
6	5	8	9	7	1	4	2	3
1	7	4	3	8	2	9	5	6
3	2	9	5	4	6	1	8	7
9	4	5	2	6	8	3	7	1
2	3	7	1	5	9	8	6	4
8	6	1	4	3	7	5	9	2

80

●	2		●		1	1	
●	2	1		2	●		
		1		1		●	1
●	●	3				3	3
●	4	●	●		1	●	●
		2		2			
	1		3	●	1	0	
		●	●				

SOLUTIONS

81

	●		0		1	●	1
1		2					
	2	●	1		1		0
	●	4			●		
●	3	●	●				
2	3		●	3		3	●
●	3			2	●	●	2
●	3	●		1	2	2	

82

●		1		●	3	●	
2	●				●	2	
1			1			2	
1		●				●	
	●	2		1	3	●	3
●	3			●		2	●
	●		2		2	2	2
	1	2	●			●	

83

●			●	●		0	
1	2	2	3				
	1	●		0			
		1	1			●	1
							2
	1		●	4	2		●
	●	6	●	●	●	3	
2	●	●	●	4	3	●	

84

	●	1	0		0		0
●	2						1
2				●	●	●	1
●		2		2			2
	●	●	2	1	3	●	
3	●	3		●			3
●	2	1		1		3	●
1					1	●	

85

●		0			1	1	
2			0		1	●	
1	●						●
				1	1	1	
	●	2		●		1	1
●	3	4	●		3	3	●
4	●	4	●	3	●	●	
●	●						1

86

3	●						
●	●	2		2	●	2	
	3			●	3	●	
	●		2	2		1	
3	3	2		●	4		2
●	●			●	●	●	●
	2			2	4	4	
						●	

87

		0			0		●
0					3	4	●
		●	●	●	●	●	
		4	5	4		3	
1	2	●	●			●	
●	3			1	2	●	
●	2					2	
		0		●	2	●	

88

●						●	1
●	3	2			1		
		●	●			0	
0			3				
	2	3	●		1	2	●
●	4	●	●		1	●	
●	6	●	4		1	1	
2	●	●		0			

SOLUTIONS

89

0	●		2		0	2	●
			●				●
●	2				0		
	3	●	2				1
●	3	3	●			●	3
2	●		1		2	●	●
		1				3	
●	1			●	2	●	

93

0		1	●			3	●	
1			●	3	●	●		0
●		0		●	5		3	
	3			4	●	2		●
●	●		3	●		1		1
●	4	3	●	2				0
	●		1			1	●	
●	3		2	1			2	3	●
2	3	●	●			1		2	●
1	●			2			●		1

90

1	●		2	●	1		1	●	1
	2			3				2	2
	1	●			●	2	2	3	●
	●	2		2				●	●	2
2	2	1	0			2			
●					●	2	1	●	●
	2	1	●		●	2		3	
●			1		2		1	2	●
●	3	2			●	2	2	●	3
2	●		●	2	1		●		●

94

●		1	1		●	2	●	
1		●		3	2				0
	1		●	2	●	1	1	1
	2		2		1			●
1	●	●					●	●	●
			●	3	2			3	2
	0		2	●	●		2		2
		3	5	●	●		●	●
1	1		●	●			4	5	●
●	1			2	1		●	●	2

91

1	●		●	●			3	
		2	2	2	2	●	●	1
0						3		
1			1			1		0
1	●	●						
	3				●		2	2	1
●	2		1	4	●	3		●
●	3		●	3	●			1
	5	●	4			4	●	
●	●	●	3	●	●	3	●	1

95

3	●	●			1				0
●	●	4		0		●	1	
	●	2					3	
1	2		2	●		●	●	2
1		●			●	5	●		0
●		2	3	●	5	●	3	
1		●	3		●	●	3	
		3	●		2	4	●	3
●	2	2	●	2		2	●	●
●							2	2

92

			●				0		●
	2	●	●	2	1		2	3	●
●		4	4			●	3	●
2	●		●	●	4	●			1
		3	3	3	●			1	
1		●	1	1			0		●
	●	3	2			1	0	1
3	●		●	3	●		2	
●	4	●	4	●	●	●		
	2	●		●	3	3		1

96

		●	3	●			●		
1	●	●			1	1		1	
	3	2		0			1		0
●				1		1	●	3	
		2	●	2				●	●
0		●			●	2	3		4
		2	●		2	●		●	●
●	2	2	2			3	●		3
3	●			●	4	●	3		●
	●	2	2	●	4	●		1	

97

2	●	●	4	●	3	●		1	
	●	4	●	●	4				●
●			3	●	4		1	2	●
3	●	3	3		●	●			
2	●		●	●	●		1		0
	1					2	1		
0			1		0		●	2	●
	2	●	2				1		
		●	2	1	●			0	
●	2				2	●			

98

			1		●				1
	0		●	3	●		1		●
			2	3	2	●			2
	●					3	●	●	
2	●	●			1	●	3		●
3	●	5		1		3	2		1
	●	●			●			2	
2		2		●	●			●	●
●				3		1	2	●	3
	2	●	2	●		0		1	

99

	●	2	1	1			2		
1			●		0		●	●	1
		1	1					3	
●					1		1		●
2		2	●	3	●	3	●	3	
	●		●				●	4	2
	3	2	1		4	●	6	●	●
●	●	1		1	●	●	●	●	
2							●	4	2
0		●	2	●		1	2	●	

100

1	●		●	2		●	4	●		●	
	3	3	3	●	3	3	●	●	4	2	2
●		●			●	2					●
●	●	3	3			2		1			
2			●	●					●		2	●
0			2	2		0	2	●	●		2
			1	1				2	3		●
1	●			●			0	0		●	●
2	3				1					3	
●	3	●	●	2			1	1	3	●	2
●			3	3	●			●	4	●	2
●	2	0		●	2	1			●	2	

101

	2			2	●	2	●	●	2	●
●	●	1		●		2			3	
●	4		0	3	●		1			2	●
●	4	2	1		●	●	1	1	●	
	●	●		3	●			2		●	1
2	3		●	2	1		●	1		
●						2	1				0
	1	0	0		●		1	●		0
2				1	1		1	●		3
●	●	3				1		2	●		●
3	5	●	●	2	1	●			2	2	1
1	●	●	●			2	●	●	1	

102

●	●	3	2			●	1		2	2
3	●		●	●	3			2	●	●	3
2			3	2	3	●	4	●		●	●
●	3	●		1	3	●	●	3		3	●
2	4	●			●	3		●	1	
●	3				2			2	1	0
1		●		1	1	●				1
		2			●		1	●		
2	●		0	2	●			1	2	●	●
●		2				1			2		2
2	3	●			1	2	●	3		1
	●	2	1	●		1		●	3	●

103

	1	1		0		3	●	●		0
1	●						●	●		3
●	4		3		2				●	3	●
●	5	●		●	●	2	0		●	3
●	●		3		●	2			1	1
	●	3				0		1	
0	1		●	●	●			2	●	
0		3	4	4			●		1
	2	●	●		0	1			
●	3	3			1		3	●	●
	●		3	3	3		●	●	4	3
2	●	●		●	●	2		2	●

104

3	●		1		0		0		0		1
●	●		●	2	2	3					●
●	4	●			●	●	●	●	2		1
1	2	3	●					4	●	2
	3	●	3	●	2		●	2		●
2	●		1		1		●	3		2
●		2			1			●	1	●
2	●	●	1				1	2	2
●	3	1		●	1				●	2
●	●		2		2			1	●
3	●	●			●	2	2		2		1
	2	2	2	●		●	2	●	●	1

SOLUTIONS

105

●	2		●	●		2	2	●	1	1	●
		●	3	3	●		●	3			
1	●	2				2		2	●		0
2	2			3		2					
1	●		●	●	●	4	●	●	2	●	●
			4	4	●	●				4	
	2	●		2	●		2		●	3	●
	●	3	●				2	●			1
●	3	3	3	3						2	1
●			●	●	1			1		●	1
●	3			2		0		●		2	
●		0						2	●		

106

		2	3	●				0		●	●
	2	●	●		1		1		2		4
2	●			2		1	●		2	●	●
2	●	●		●	3			●			3
	2		●		●	●	2		1		●
	1	2	3			3		0		1	
	1	●		●		●					
	2	1	3	3	●	3	●	●	●	●	
●		1		●			3	4	4		2
2	●				1			●	1	1	●
3		2				2	●	4	2		1
●	●		1	●			●		●	1	

PUZZLE NOTES

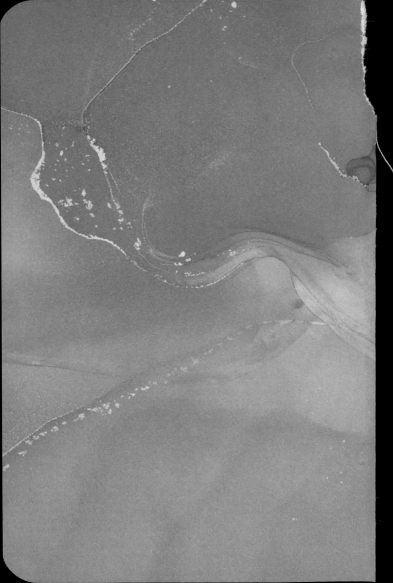